人の作品を使いたいときは何をする？

著作権のトリセツ
❸ 自由に使えるとき

監修：上沼紫野（弁護士・LM虎ノ門南法律事務所）
協力：涌井陽一（日本出版美術家連盟理事／日本美術著作権連合理事）

汐文社

アニメ
さくひん

む　むめいのひとが
　　とったしゃしん

げ　ゲームソフト

し　しょうがくせい
　　がかいた
　　まんが

こ　こくごじてん

ぶ　ぶよう
　　さくひん

い　インターネ
　　はっぴょう
　　はいく

まえがき

　みなさんが学校や自宅で、作文を書いたり絵を描いたりしてできた作品は、「著作権法」という法律で守られます。著作権法では、自分の作品、つまり「著作物」が、勝手に他人に扱われることがないようにするためのルールが定められています。

　このシリーズは、著作権法にもとづいて、人が創作した文章や写真、絵などの著作物を正しく扱う方法を紹介するものです。他人の著作物を使うときには、作品を作った人、つまり「著作者」や、その権利を管理している人（団体）、つまり「著作権者」に許可を取ることが原則です。シリーズ1巻では、他人の著作物を使うときに許可を取らずに利用できると認められている「引用」のルールについて、2巻では、実際に許可を取る際のプロセスについて説明しました。この3巻では、他人の著作物を使うときに許可を取らずに利用できると認められているさまざまなケースについて解説します。制度の説明ではむずかしい内容になっている箇所もありますが、大人と相談しながら読んでください。

　このシリーズを読み、自分の作品と同じように、他人の作品も大事に扱えるようになりましょう。

もくじ

許可を取らずに使えるケースがあるってホント？	4
許可を取らずに使えるときってどんなとき？	6
許可を取らずに使える例外【私的複製編】	8
許可を取らずに使える例外【教育機関での複製・インターネット送信編】	10
許可を取らずに使える例外【営利を目的としない上演など編】	20
許可を取らずに使える例外【図書館などでの複製編】	22
Q&A 教育機関で学校関係者が迷いがちなケースQ&A	24
さくいん	30

許可を取らずに使える

許可を取らずに使えるケース

著作権の保護期間が切れた作品、著作権を継承する人のいない作品、著作者が権利を放棄した作品は、「パブリック・ドメイン（PD＝Public Domainの略）」といって許可を取らずに自由に使うことができます。ただ、たとえば個人で楽しむときなどに、パブリック・ドメイン以外の著作物はすべて許可が必要となると、制限がありすぎて対応がむずかしくなる場面が発生します。そのため、著作権の保護の対象外となる「例外的に許可を取らなくても著作物を自由に利用できる」ケースが「著作権法」で定められています。

ケースがあるってホント?

これらの「パブリック・ドメイン」は自由に利用が可能

- 著作権の保護期間が切れた作品
- 著作権を継承する人のいない作品
- 著作者が権利を放棄した作品

パブリック・ドメイン以外で権利者の許可を取らずに自由に利用できるのは、著作権法で規定されている「権利制限規定」にあたる場合です

ただし、たとえば「複製権のみ制限されている」など、すべての利用が認められているわけではありません

許可を取らずに使えるときってどんなとき？

　公表されている他人の著作物を利用するときは、基本的に著作権を管理している「著作権者」の許可が必要です。ただし以下のようなケースは著作権法で一定の条件を満たす場合にのみ認められている「権利制限規定」にあてはまるので、許可を取らずに利用できます。著作物の利用が許されていても、作品を勝手に改変することなどが許されるわけではありませんから、利用の際は著作者を尊重し、ルールの範囲内で使いましょう。

私的使用のための複製（私的複製）

➡ 8ページから説明

図書館などでの複製

➡ 22ページから説明

引用

定められたルールを守れば、公表されている他人の著作物を引用として利用できる。

➡ くわしくは1巻で説明

教科書などへの掲載

学校教育で必要と認められる範囲内で著作物を教科書に掲載できる。著作者への連絡と著作権者への補償金の支払いが必要。

学校教育番組の放送など

学校教育番組で著作物を放送することや、学校番組用の教材に著作物を掲載することができる。著作者への連絡と著作権者への補償金の支払いが必要。

> 教科書にも著作物がたくさんのっているね

※上記は、「権利制限規定」のうち、教育現場に関わりの深いと考えられるおもな例をあげたものです。

学校その他の教育機関での複製とインターネット送信（公衆送信）

➡ 10ページから説明

試験問題としての複製など

入学試験や採用試験などの問題としての著作物の複製が可能。ただし金銭上の利益を目的としている場合は、著作権者への補償金の支払いが必要。

視覚障害者などのための複製など

著作物の点字による複製が可能。また点字データを保存し、インターネット上での送信（放送・有線放送は除く）もできる。点字図書館・盲学校の図書館等の視覚障害者などの福祉に関する事業を行う人は、必要な範囲内で著作物を複製・自動公衆送信※をすることが可能。

※自動公衆送信：公衆送信とは公衆に受信されることを目的にインターネットや放送などで著作物の送信を行うことで、自動公衆送信はサーバーなどに保存されたデータを公衆からのアクセスに応じて自動的に送信すること。

聴覚障害者などのための複製など

聴覚障害者などの福祉に関する事業を行う人は、必要と認められる範囲内で、放送番組などの音声を字幕・手話などによる複製をしたり自動公衆送信をしたりすることが可能。

営利を目的としない上演など

➡ 20ページから説明

時事問題の論説などの転載

新聞・雑誌に掲載された時事問題に関する論説は、転載禁止の表示がなければ、ほかの新聞・雑誌に掲載、放送が可能。

許可を取らずに使える例外
【私的複製編】

　ここからは、具体的な内容を紹介していきます。自分や家族、ごく親しい少人数の友人などかぎられた範囲内の利用なら、著作権者の許可を取らずに著作物を複製することができます。複製は使用する本人が行うことが原則です。たとえば以下のような場合の複製は、著作権者の許可を取らずに行えます。

コレはOK

人気まんがの絵をプリントして部屋に貼る
自分の家でプリンターを使って複製してもOK。ただし、その複製した絵を他人に配るようなことは「かぎられた範囲内」といえなくなるのでやめましょう。

児童・生徒が本の一部をコピーする
自分だけで利用するために本などの著作物を複製するのはOK。

テレビ番組を録画しておいて後日、家族と見る
録画した番組を家族で見て楽しむことはOK。ただし、その録画をDVDなどに複製して他人に貸すことは、私的な使用のための複製ではなくなるのでやめましょう。

- 個人的に複製したものを他人に配ったり公開したりすること
- 個人的に複製したものをだれかに販売すること
- だれでも使える状態で設置してあるダビング機などを用いて複製すること（現在はコンビニの文献複写のみに用いられているコピー機などでの複製はOKとされている）
- コピーガードをはずして複製すること
- 著作権を侵害した違法な作品と知りながらダウンロードすること
- 映画館で上映中の映像を録音したり録画したりすること

映画は個人的に楽しむためでも複製はNGなんだね！

許可を取らずに使える例外
【教育機関での複製・インターネット送信編】

　①「学校その他の教育機関」で、②「授業」で使うために、③「教師や児童・生徒など」が④「必要と認められる限度内」で、公開されている他人の著作物を、許可を取らずに複製することは可能です。この①〜④の項目については、細かな範囲が定められているので、12ページから解説していきます。また、テレビやインターネットなどによる公衆送信や、公の伝達も可能です。

教育機関で許可を取らずに使える例

- 教師がインターネット上の著作物をダウンロードして授業で配布する
- 運動会で使うプラカードに人気アニメのキャラクターの絵をまねして描く
- 動画投稿サイト上の著作物をパソコンのディスプレイなどを用いて児童・生徒に視聴させる
- 教師が児童・生徒に授業のための予習・復習用の資料をメールで送信する※
- 教師や児童・生徒が修学旅行のしおりに、旅行先を題材にした歌詞などの著作物を掲載する
- 教師がオンデマンド配信授業やリアルタイム配信授業で、児童・生徒などに講義映像や資料をインターネット送信する※

※がついているものは許可を取らずに使えますが、補償金の支払いが必要です。補償金については15ページの「SARTRAS」の項目でくわしく説明します。

著作物を使うとき、【学校その他の教育機関での複製・インターネット送信】の例外として認められる?

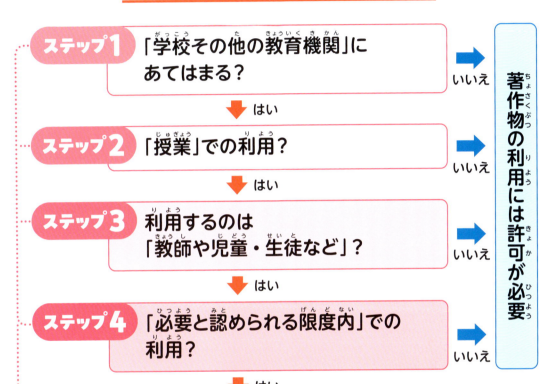

ステップ1 「学校その他の教育機関」にあてはまる？ → いいえ → 著作物の利用には許可が必要

↓ はい

ステップ2 「授業」での利用？ → いいえ → 著作物の利用には許可が必要

↓ はい

ステップ3 利用するのは「教師や児童・生徒など」？ → いいえ → 著作物の利用には許可が必要

↓ はい

ステップ4 「必要と認められる限度内」での利用？ → いいえ → 著作物の利用には許可が必要

↓ はい

許可を取らずに利用が可能

ステップ1〜4について、次のページから解説するよ

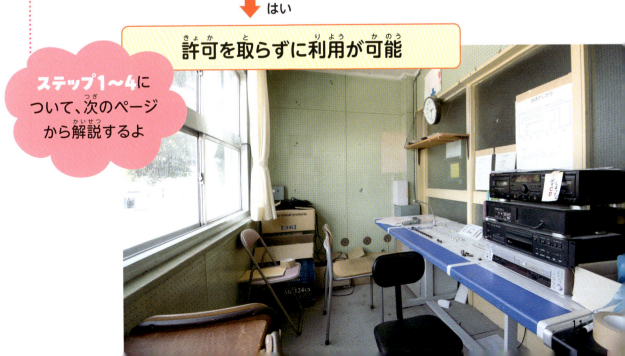

許可を取らずに使える例外【教育機関での

ステップ1 例外が認められている「学校その他の教育機関」とは

　学校その他の教育機関というと、小学校や中学校、高等学校、大学などを思いうかべます。具体的には、学校教育法上の学校と、その他根拠法令（地方自治体が定める条例・規則をふくむ）にもとづいて設置された機関、そして、これらに準ずるところをいい、おもに以下のような機関があります。基本的に、金銭上の利益を目的としていない教育機関となります。

たくさんある〜

学校その他の

- 幼稚園
- 小学校
- 中学校
- 保育所
- 高等学校
- 高等専門学校
- 認定こども園
- 義務教育学校
- 中等教育学校
- 特別支援学校

複製・インターネット送信編】

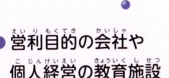

コレはNG

- 営利目的の会社や個人経営の教育施設
- 専修学校または各種学校の認可を受けていない予備校・塾
- カルチャーセンター
- 企業や団体などの研修施設

塾は教育機関にならないんだね！

教育機関のおもな例

学童保育	公民館	各種学校
専修学校	大学	青少年センター
		博物館
		図書館
		美術館
		生涯学習センター

※その他、上記以外の社会教育機関や、防衛大学校、税務大学校、自治体の農業大学校などの大学に類する教育機関、教育センター、教職員研修センター、学校設置会社経営の学校、職業訓練などに関する教育機関などもふくまれます。

許可を取らずに使える例外【教育機関での

ステップ2 「授業」での利用？

12～13ページの「学校その他の教育機関」にあてはまっても、その教育機関での他人の著作物の利用がすべて自由になるわけではありません。基本的には「授業の過程」で利用することだけが許されており、その授業とは、教育を担任する人（教師など）が学習者（児童・生徒など）に対して行う教育活動を指します。

授業として認められているおもな例

授業、講義、実習、演習、ゼミ など

小・中学校の特別活動（学級活動・ホームルーム活動、クラブ活動、児童・生徒会活動、学校行事、その他）

小・中学校の部活動、課外補習授業 など

学校その他の教育機関が主催する公開講座

通信教育での面接授業、通信授業、メディア授業 など

社会教育施設が主催する講座、講演会 など

※その他、教育センター、教職員研修センターが行う教員に対する教育活動や、教員の免許状更新講習、履修証明プログラムも授業にふくまれます。

複製・インターネット送信編】

- 自主的なボランティア活動（単位認定がされないもの）
- 保護者会、学校その他の教育機関の施設で行われる自治会主催の講演会、PTA主催の親子向け講座など
- 入学志願者に対する学校説明会、オープンキャンパスでの模擬授業など
- 教職員会議
- 大学など高等教育での課外活動（サークル活動など）

児童・生徒の予習や復習、教師の授業用資料作成の準備や授業後の検討は授業にふくまれますが、教職員会議やPTA活動などでの著作物の利用は著作権者の許可が必要です。

オンライン授業でも著作物を使いやすくする制度「SARTRAS」

これまで説明してきたとおり、学校の授業などで著作物を複製し配布することは許可を取らずに行えます。ただし、インターネットを使って送信する場合やオンライン授業などで利用する場合は、著作権者へ使用料を支払う必要があります。こうした学校関係者が行う手続きを代行するためにできたのが、授業目的公衆送信補償金制度です。事前に学校などの設置者が授業目的公衆送信補償金等管理協会・通称「SARTRAS」に登録し補償金を支払うことで、個別に手続きせずに教育機関で必要な公衆送信が行えるようになるのです。

※補償金は2025年1月現在年間1人あたり、小学校120円、中学校180円、高等学校420円、大学720円です（公衆送信の回数は無制限）。

許可を取らずに使える例外【教育機関での

ステップ3 利用するのは「教師や児童・生徒など」?

許可を取らずに著作物を使うときには、著作物を利用するのがだれなのかということも注意する必要があります。学校その他の教育機関での複製とインターネット送信が許されているのは、授業を行う教師などの「教育を担任する者」と、その授業を受ける児童・生徒などの「授業を受ける者」と定められています。

教育を担任する者とは?

授業を実際に行う人を指します。教諭、教授、講師などの名称や教員免許状の有無、常勤・非常勤などの雇用形態は問われません。また教師は、学校の管理下で授業用資料などの複製作業やインターネット送信などを学校図書館の司書などに頼むことが可能です。

授業を受ける者とは?

児童、生徒、学生、科目履修生、受講者などの、教育の指導を受ける学習者を指します。年齢は問われません。

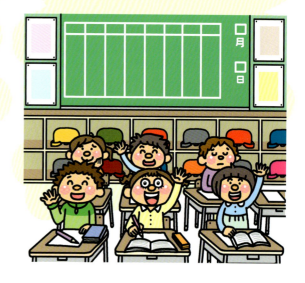

複製・インターネット送信編】

コレはNG

- 教師同士で著作物の複製物を共有し、利用する
- 教科の資料を複製して、いつでも使える教材にする
- 教職員会議の資料として使う
- 教師の指示を受けない状況での図書館司書やPTA役員による著作物の複製
- 教育委員会が著作物の掲載された資料をコピーして学校へ配布する

許可を取らずに使える例外【教育機関での

ステップ4 「必要と認められる限度内」での利用？

　許可を取らずに他人の著作物が使えるといっても、際限なく利用できるわけではありません。著作権法では、必要な限度内の使用であることと定められています。基本的には授業に必要な部分で、クラスまたは授業を受ける人数に必要な部数となります。また、授業を受ける人に配布するのと同じ複製物を授業参観や研究授業の参加者へ配布することも認められています。「必要と認められる限度内」といっても、授業の内容や著作物の形態などにより判断がむずかしい場合も多いので、いくつか例をあげて説明します。

どこまでが必要と認められる限度内？

白地図を児童・生徒に購入させずに、教師が複製して授業で配布する。

✗ 本来、児童・生徒が購入して使うはずの白地図などを複製して使わせることは、著作権者の利益を損なうため認められないでしょう。ただし、たまたま白地図を忘れた児童のために、使う分だけのページを複製してわたすことは許容されるでしょう。

※18～19ページで紹介する内容は、どの場合もインターネット送信を行う場合、補償金の支払いが必要となります。

18

複製・インターネット送信編】

教師が算数のドリルを1冊分複製して児童・生徒に配り、使用させる。

「必要と認められる限度内」の利用と認められないでしょう。原則として許可を取らずに利用できるのは、著作物の小部分の利用です。

小学校のクラブ活動で出場する合唱コンクールで使う楽譜を複製して児童に配る。

小・中・高等学校のクラブ活動は授業にふくまれるのでOK。ただし児童が歌唱する楽譜を、出場しない児童や保護者に複製して配布するのはNG。また、大学での部活動やサークル活動は授業にふくまれないのでNG。

家庭科のエプロン作りの授業で、大好きなアニメの名場面の絵を貼って自分のエプロンに使いたい。

アニメ作品には著作権があります。エプロンを自分の作品として楽しむだけなら、貼ったり描いたりすることに問題はありませんが、できたエプロンを作品展に出したり、SNSなどで公表したりすることはできません。

　ここまで紹介してきたように、12ページからのステップ❶〜❹のすべてにあてはまれば、著作権者に許可を取らずに授業内で利用することが可能です。ただしその場合も、著作権者の利益を不当に害するような利用の場合は、許可が必要となります。そのため、本などの出版物の場合、基本的に配った複製物は、次の授業で使うなどの必要がない場合は回収することを発行元の出版社が求めるケースが多く見られます。また原則として、著作物のタイトルや著作者名などの情報は、だれが見てもわかるように示しておくことが慣習的に行われています。

許可を取らずに使える例外【営利を目的としない上演など編】

　金銭上の利益を目的とせず、入場料が無料で、出演者への報酬がない形での上演、演奏、上映、口述（朗読など）は、基本的に著作権者の許可を取らずに行うことができます。そのため、小・中・高等学校の部活動や学芸会などでの上演などはほとんどが自由に行えます。上演や演奏する作品のタイトルや著作者などの情報は明らかにしましょう。

コレって大丈夫？ その1

被災地支援のため、中学校の合唱部が中心となって、チャリティーコンサートを行おうと考えています。プロの伴奏者も報酬なしで参加してくれるのですが、許可は必要？

　伴奏者や出演者の報酬がなくても、チャリティーということは寄付を募り、その収益を支援に使うことになるでしょう。そのため、「聴衆や観客から料金を取らない」という条件をクリアすることができず、許可や楽曲の使用料が必要になります。ただし災害時のチャリティーコンサートなどでの楽曲の使用料は、安くなったり無料になったりするケースがありますので個別に確認しましょう。

コレって大丈夫? その2
地域の公民館で無料の動画上映会を行うのは許可が必要?

権利制限規定では開催場所の形態は問われません。「金銭上の利益を目的とせず、聴衆や観客から料金を取らないこと、出演者への報酬がないこと」などの条件が満たされていれば、公民館での著作物の上映会は著作権者の許可を取らずに行うことが可能です。ちなみに市販のDVDなどを使う場合は、公の上映用を用いるよう、発売元が案内しているケースがあります。また、事前に発売元の規約の確認をしてから使いましょう。

※「営利を目的としない上演など」の例でたびたび取りあげられる絵本などの「読み聞かせ」については、28ページで解説しています。

許可を取らずに使える例外
【図書館などでの複製編】

　政令で定められた図書館・美術館・博物館などでは、調査研究など非営利の目的ならば、著作物を複製することは可能です。ただし複製する際には、いくつかの決まりがあります。以下のルールと各図書館の利用規約に沿って複製物を入手しましょう。

- 複製できるものは、その図書館などに所蔵されている著作物にかぎる
- 複製は著作物の一部にかぎり、基本的に全ページの複製はできない
- 複製できるのは、1人1部のみ
- 複製は図書館にあるコピー機を使う

※現状では、上記の図書館に小・中・高等学校の学校図書館はふくまれません。ただし学校図書館でも、10〜19ページで紹介した「教育機関での複製」のルールにより、学校図書館司書などが授業を行う教師などの指示のもと、複製を行うことは可能です。

著作者の人格や著作権者の利益を守る意識は大切に

ここまで、許可を取らずに公表された著作物を利用することが可能な「権利制限規定」について説明してきました。そうした「例外」はほかにもいくつかありますが、この巻ではおもに教育機関に関わりの深いものについて取りあげています。許可を取らずに利用できるといっても、著作権のすべてが自由になるわけではありません。著作者人格権（1巻28ページ参照）を無視するような作品の改変などの扱いは許されていません。また無許可で使ったことで、著作権者が得るはずの利益を損なうような使い方も認められていません。たとえば、学校での複製やインターネット送信が行われることで、利用した著作物の売れ行きが下がるような必要の限度を超えた使い方は避けなければいけません。18〜19ページで紹介した以外にも、以下のような行為は著作権者の利益を損なう例にあたる可能性が高いので、覚えておきましょう。

コレはNG

- 学校行事で全校生徒や参加者全員に著作物を複製して配布する（複製する数やインターネット送信の受信者の数は、授業を担当する教師と授業を受ける児童・生徒の数を超えないことが基本）
- 児童・生徒の全員が通常購入して使う著作物（問題集、ドリルなど）を複製したりインターネット送信したりして利用する
- 1回目は1章、2回目は2章など、結果として1冊の本のほとんどを複製して利用する
- 著作物の複製を製本したり、素材としてサーバーなどにストックしてデータベース化したりする

Q&A

教育機関で学校関係者が迷いがちなケース Q&A

Q 授業で作った児童・生徒の作品をコンクールに出したい。どういう手続きが必要？

　授業で作った児童・生徒の作品の著作権は、作った本人にあります。1巻で説明したとおり、作った人の年齢や有名・無名の差は関係ありません。そのため、学校として児童・生徒の作品をコンクールに出すときは、まず本人の了解が必要になります。

　コンクールに出す場合、コンクールの応募の方法を確認することも大事ですが、コンクール主催者が作品をどのように扱うかを確認することも重要です。「いつ、どのくらいの期間、どこで、どのような方法で公表されるのか」「作品の公表の際、ペンネームなどが認められるのか」「応募作品は返却されるのか」などです。また、コンクールに応募して入選すると、作品の著作権がその主催者に自動的に譲渡されるという場合も少なくありません。コンクールに応募する際は、そうした作品の取り扱いについて児童・生徒にきちんと伝えましょう。

　コンクールに作品を出すのであれば、「教育機関での複製」（10ページ参照）の範囲からはずれます。コンクール作品に他人の文章や絵、写真などの著作物が使われている場合は、権利制限規定のうちの1つ「引用」のルールが守られているか、確認する必要があります。引用のルールについては、1巻を参考にしてください。引用でない場合は、著作権者に著作物を使っていいという許可を取らなければなりません。許可の取り方については、2巻でくわしく説明しているので、参考にしてください。

Q 児童・生徒の好きな曲を給食の時間に校内放送で流すのはOK？

20〜21ページで紹介した「金銭上の利益を目的とせず、聴衆や観客から料金を取らない」条件にあてはまるので、許可は必要ありません。大学など遠隔の別キャンパスへの送信もふくむ場合は公衆送信（7ページ参照）になりますが、多くの小・中学校の場合、同じ建物内に設置されている放送設備を使って放送するので公衆送信にならず、侵害にもあたりません。ただし、音源は購入したCDなどを使いましょう。編集されたプレイリストやダビングした音源を使う場合は、原則として権利の管理者の許可や販売元・配信元などの規約の確認が必要です。

Q 卒業式の様子を動画撮影し、記念のDVDを制作して卒業生に贈るのはOK？

卒業式は14ページにある学校行事の1つと考えられますが、DVDは不特定多数の人が視聴できるため、卒業式で著作権がある曲を歌ったり合奏したりしているのであれば、著作権者の許可が必要です。また卒業式でCD音源などをかけている場合は、レコード製作者、実演家の許可も必要となります。手続きをしない場合は著作権侵害となり得るので注意しましょう。

Q&A

Q おすすめの本を子どもに紹介するために表紙画像を使いたい。問題はない?

　教師がおすすめの本を紹介するために表紙画像をのせた資料を作り、授業で配ることは無許可で行って大丈夫です。以前は著作権者への個別の許可が必要だったオンライン授業で著作物を使う場合も、補償金を支払うことで許可が不要になりました。

　ただし学校図書館などで「図書館だより　おすすめの本」という冊子を作って配るような、「授業」と見なすのがむずかしい場合は、さまざまな見解があるので注意しましょう。27ページで、許可を取らずに本の表紙画像を使えるケースをいくつか紹介します。いずれの場合も、著者名、書名、出版社名、発表年などの情報は必ず書きます。画像の一部だけを取り出して使うような改変や、ほかの文字や画像を上にのせるような行為は権利を侵害する可能性が高いことも覚えておきましょう。

本の表紙画像を使う場合

本の表紙画像を使うときには、まず、本を発行している出版社のホームページで、表紙画像の扱いについて確認しましょう。公共図書館や学校図書館で作るブックリストなどに掲載する場合は「許可は不要です」などと書いている出版社も多くあります。許可が必要な場合でも、以下の方法でなら許可を取らずに使うことが可能です。

「引用」として使用する

表紙とともに本の紹介文などを掲載して、「引用」のルールを守れば許可が不要になります（1巻参照）。

「版元ドットコム」で掲載されている画像を使用する

書籍や雑誌などの出版事業を支援する「版元ドットコム」のホームページに掲載されている表紙画像は、「利用可」と表示されているものであれば自由に使うことができます。

「美術の著作物等の譲渡の申出に伴う複製」として使用する

所蔵している本を「図書館のこんな本がおすすめです」と案内する場合、権利制限規定により、直接撮影する場合にかぎって、印刷物は表紙画像のサイズが50c㎡以内、インターネット送信する場合には画素数32,400以下（コピープロテクトがない場合）といった制限内でなら、許可を取らずに表紙画像が使えるとされています。著作者の権利を不当に害するような大きさでは使えません。

※このほか児童書の場合、28ページで登場する「児童書出版者・著作者懇談会」が作品名・著作者名（作・文・写真など）・出版社名と一緒に紹介する前提で、「ブックリスト、図書館内のお知らせ、書評等（ウェブサイト上含む）に、表紙をそのまま使用する場合は、商品を明示しているものとみなされ慣行上無許諾で使用できる（それ以外の表紙使用は要許諾）。」と「読み聞かせ団体等による著作物の利用について」（2006年発表、2018年改訂）の中で発表しています。

Q&A

Q 公民館で読み聞かせの会をしたい。交通費も報酬になってしまう？

　無料の読み聞かせであれば、20ページで説明した「営利を目的としない上演、演奏、上映、口述（朗読など）」にあてはまるので、許可を取らずに行うことが可能です。では交通費は報酬になるのでしょうか？

　「児童書出版者・著作者懇談会」が、絵本や児童文学作品が正しく利用されて子どもたちのもとに届くようにと、「読み聞かせ団体等による著作物の利用について」という手引きを発表しています。そこでは、実演・口述する人への交通費などの支払い、ボランティアの交通費・昼食代や資料費、会場費などの開催に関わる経費にあてる分の料金が発生する場合でも、許可なく利用できると案内しています。

　ただし、インターネットを使って配信する場合や、絵本をスキャン（複製）してプロジェクターやパワーポイントなどを使用して拡大して見せる場合、紙芝居などに作品の形態を変えて使用する場合は著作権者の許可が必要です。ちなみに学校の授業などでよく使われる書画カメラ（実物投影機やOHCなど）での拡大は、複製ではなく作品の形態を変えていないので許可なく使えます。

※権利制限規定でいう「報酬」は読み聞かせに対する報酬を意味するので、交通費などの実費は「報酬」にあたりませんが、交通費などを過大に支払い、実質的な対価と考えられる場合は権利制限規定からはずれます。

Q 担任の教師が作る「学級通信」は授業にふくまれる？

　教師が児童・生徒だけに授業内で配る場合をのぞき、「学級通信」「学校だより」「学校のホームページ」などで他人の著作物を利用するのは授業の過程にふくまれないケースと考えられるため、著作権者の許可が必要になります。学級通信などにイラストや写真をのせる場合は「フリー素材」

を利用することが多いようです。フリー素材とは、作者名の表示や販売禁止などの一定の条件のもと、自由に利用できる素材のことです。インターネット上には、イラストや写真のほか、地図や曲などを提供しているサイトもあります。ただし、個人的利用に限定され業務上の利用を認めていない場合もあるので、利用規約をよく確認して使うようにしましょう。

自分の著作物を使う際の条件を表す
「クリエイティブ・コモンズ・ライセンス」

何かと制限が多いように感じる著作権の仕組みですが、著作者が自分の作品を利用してもらうためのツールとして国際的に使われているのが「クリエイティブ・コモンズ・ライセンス(以下、CCライセンスと略)」です。著作権について、すべての権利を主張する場合とすべての権利を放棄する場合以外に、おもに以下の4つのマークを組みあわせて一緒に表示します。自分の作品を公開するときに、利用条件を明らかにすることで、著作者の権利を守りながら著作物の利用をしやすくしようとするものです。

	表示	著作者の名前や作品名などを表示すること。
	非営利	営利目的での利用をしないこと。
	改変禁止	元の作品を改変しないこと。
	継承	元の作品と同じ組みあわせのCCライセンスで公開すること。

●「クリエイティブ・コモンズ・ライセンス」
　https://creativecommons.jp/licenses/

さくいん

あ

インターネット送信 …………… 7、10、11、13、15、16、
17、18、19、23、27

引用 ……………………………… 2、6、24、27

オンライン授業 ………………… 15、26

か

教育機関 ………………………… 7、10、11、12、13、14、
15、16、18、22、23、24

クリエイティブ・コモンズ・ライセンス … 29

権利制限規定 …………………… 5、6、21、23、24、27、28

公衆送信 ………………………… 7、10、15、25

校内放送 ………………………… 25

コピーガード …………………… 9

さ

SARTRAS ………………………… 10、15

司書 ……………………………… 16、17、22

実演家 …………………………… 25

私的複製 ………………………… 6、8

た

著作権者……………… 2、6、7、8、15、18、19、20、
21、23、24、25、26、28

著作権侵害…………… 25

著作権法……………… 2、4、5、6、18

は

パブリック・ドメイン……… 4、5

非営利………………… 22、29

表紙画像……………… 26、27

複製…………………… 5、6、7、8、9、10、11、13、
15、16、17、18、19、22、23、
24、27、28

保護期間……………… 4、5

補償金………………… 6、7、10、15、18、26

ら

利用規約……………… 22、29

31

● 監修／上沼紫野（うえぬま・しの）
LM虎ノ門南法律事務所所属弁護士。1997年に弁護士登録。2006年にニューヨーク州弁護士登録。知的財産、IT関連、国際契約等の業務をおもに行う。総務省ICTサービス安心・安全研究会「青少年の安心・安全なインターネット利用環境整備に関するタスクフォース」委員、こども家庭庁「青少年インターネット環境の整備等に関する検討会」委員などを務める。共著に『著作権法実戦問題』（日本加除出版）、監修に『改訂新版　学校で知っておきたい　著作権』シリーズ（汐文社）などがある。

● 編集／スタジオ・マナ（橋本真理子）
一般書籍、雑誌、企業の冊子、Webを中心に、企画・編集・執筆を行っている。おもな制作物に『東京フィフティ・アップBOOK』（東京都福祉保健局）、『からだにいいこと』（世界文化社）、『たまひよオンライン』（ベネッセコーポレーション）、『気をつけよう！ネット動画』シリーズ、『のぞいてみよう　外国の小学校』シリーズ（以上、汐文社）などがある。

● 協力／涌井陽一
一般社団法人日本出版美術家連盟理事（著作権担当）、日本美術著作権連合理事

● イラスト／どいまき　　● デザイン／大岡宏子　　● 編集担当／門脇 大

● 写真提供
akiyoko、EKAKI、8x10、Fast&Slow、ak、OrangeBook、7maru、ちっち、shimi、metamorworks、yukinosirokuma／PIXTA

人の作品を使いたいときは何をする？　著作権のトリセツ
③自由に使えるとき

2025年3月　初版第1刷発行

編　集	スタジオ・マナ
発行者	三谷　光
発行所	株式会社汐文社
	〒102-0071　東京都千代田区富士見1-6-1
	TEL 03-6862-5200　FAX 03-6862-5202
	https://www.choubunsha.com
印　刷	新星社西川印刷株式会社
製　本	東京美術紙工協業組合

ISBN978-4-8113-3208-6